教科書の内容　ページ

きほん 1

# たずね合って考えよう
# さなぎたちの教室 （1）

**1**　──の漢字の読みがなを書きましょう。　一つ8〔72点〕

(1) 簡単な問い。

(2) 道筋を示す。

(3) 窓ぎわの席。

(4) 一枚の紙。

(5) 宣言する。

(6) セミの幼虫。

(7) 変革を行う。

(8) 同窓会に出る。

(9) 幼い子。

**2**　次の言葉の意味をア〜エから選んで、記号で答えましょう。　一つ4〔16点〕

(1) ふりしぼる （　　）　(2) かしげる （　　）

(3) 逆らう （　　）　(4) はじける （　　）

　ア　かたむける。横に曲げる。
　イ　努力して目標に達する。
　ウ　持っている力などを全部出す。
　エ　相手の言うことを受け入れない。

**3**　次の──の言葉の使い方が正しいほうに、○を付けましょう。
　一つ4〔12点〕

(1) ア（　　）うっかり明日の予定を伝えわすれる。
　　 イ（　　）うっかり明日の予定を確にんしておく。

(2) ア（　　）なけなしのおこづかいをはたく。
　　 イ（　　）なけなしに外の景色をながめる。

(3) ア（　　）一人で気ままに出任せの旅に出る。
　　 イ（　　）かれの言うことは出任せにすぎない。

答えは65ページ

かくにん **1**

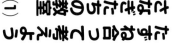

さなぎたちの教えてくれる教室 (1)

教科書 14～32ページ

月 日

⏱10分 ／100点

---

**1** □に当てはまる漢字を書きましょう。 1つ8[56点]

(1) かんたん な問題。

(2) 解決の いとぐち 。

(3) とびら を開ける。

(4) にまいめ の絵。

(5) 開会 せんげん する。

(6) ようちゅう を育てる。

(7) 組織を へんせい する。

---

**2** □に当てはまる漢字を書きましょう。( )には共通する部首名を書きましょう。 1つ8[24点]

部首名…( )

(1) 素 か ん な住まい。

(2) 腹 きょう をかかえる。

---

**3** 次の□□の意味を、あとのア～ウから選んで、記号で答えましょう。 1つ10[20点]

(1) 馬の耳に念仏 ( )

(2) 馬には乗ってみよ ( )

ア 馬に乗ってみて、実際に経験してみないと、人には分からない。

イ 身近にあり、いつも聞いていても、立派にも見えても、効果がない。

ウ 人の数のよりが整っていても、人に念仏を聞かせることは立派にも見える。

月　日

10分

/100点

# さなぎたちの教室 ②

**1** ――の漢字の読みがなを書きましょう。 一つ8〔72点〕

(1) 裏の池。（　　　）

(2) 並んで立つ。（　　　）

(3) 視界が広がる。（　　　）

(4) 目が痛い。（　　　）

(5) 人に敬遠される。（　　　）

(6) 敵から守る。（　　　）

(7) 建物の昇降口。（　　　）

(8) 頭痛がする。（　　　）

(9) 父母を敬う。（　　　）

**2** ――の言葉と同じ意味で使われているほうに、〇を付けましょう。 一つ6〔12点〕

(1) 計画をめぐらす。

ア（　　）家の周りにかきねをめぐらす。

イ（　　）あれこれと思いをめぐらす。

(2) 聞き取るのがやっとの小さな声。

ア（　　）宿題がやっと終わった。

イ（　　）立っているのがやっとだ。

**3** 複数の音訓を持つ漢字の読みがなを書きましょう。 一つ4〔16点〕

(1) ① 雪が降る。（　　　）

② 旗を降ろす。（　　　）

(2) ① 並木道を歩く。（　　　）

② 五年生並びに六年生。（　　　）

答えは65ページ

# なかまたちの教室　(2)

**1** □に当てはまる漢字を書きましょう。　1つ8〔56点〕

(1) 家の　□ら　。

(2) となりに　□らぶ。

(3) □□かい　に入る。

(4) 耳が　□たい　。

(5) 打者を　□□けいえん　する。

(6) □てき　をうち取る。

(7) 学校の　□こうしょう　口。

**2** 次の文に合うように、□□□の中の漢字を組み合わせて熟語を作りましょう。　1つ8〔24点〕

(1) 荷物を別の場所に（　　　　　　　）する。

(2) 未来の自分を（　　　　　　　）する。

(3) 友人の（　　　　　　　）な一面を見る。

| 外 | 像 |
|---|---|
| 意 | 移 |
| 想 | 動 |

**3** 次はどのような気持ちを表していますか。似た意味の言葉をア〜ウから選んで、記号で答えましょう。　1つ10〔20点〕

(1) 寒こうような心持ち　　　　　　　　　（　　）

(2) はずむような声　　　　　　　　　　　（　　）

ア　かなしい　　イ　くやしい　　ウ　うれしい

# さなぎたちの教室　③

**1** ——の漢字の読みがなを書きましょう。　1つ6〔54点〕

(1) 姿を見失う。　　（　　）

(2) 胸が高鳴る。　　（　　）

(3) 息を吸いこむ。　（　　）

(4) 呼びかける。　　（　　）

(5) 時を忘れる。　　（　　）

(6) 目を閉じる。　　（　　）

(7) 朗読する。　　　（　　）

(8) 呼吸を整える。　（　　）

(9) 閉店の時刻に。　（　　）

**2** 次の言葉と似た意味の言葉をア〜カから選んで、記号で答えましょう。　1つ3〔18点〕

(1) けん命に　　（　　）　　(2) すぐに　　（　　）

(3) ずいぶん　　（　　）　　(4) 思いがけず　（　　）

(5) いっせいに　（　　）　　(6) とうに　　（　　）

ア　すでに　　　　イ　同時に

ウ　ただちに　　　エ　不意に

オ　相当に　　　　カ　力の限り

**3** ——の送りがなの正しいほうに、○を付けましょう。　1つ7〔28点〕

(1)　ア（　）先生を敬う。
　　　イ（　）先生を敬まう。

(2)　ア（　）幼なご子。
　　　イ（　）幼い子。

(3)　ア（　）本を並べる。
　　　イ（　）本を並らべる。

(4)　ア（　）首を痛る。
　　　イ（　）首を痛める。

# さなぎたちの教室 ③

**1** □に当てはまる漢字を書きましょう。　1つ9〔63点〕

(1) ［すがた］ を見せる。

(2) ［むね］ がつまる。

(3) けむりを ［す］ う。

(4) 大声で ［よ］ ぶ。

(5) 筆箱を ［わす］ れる。

(6) 本を ［と］ じる。

(7) ［ろうどく］ 劇をする。

**2** □に反対の意味になる漢字を書きましょう。　1つ4〔16点〕

(1) 紙の ［うら］ 。　⟷　［おもて］ に向ける。

(2) 車に ［の］ る。　⟷　バスから ［お］ りる。

**3** （　）に当てはまる言葉をア〜ウから選んで、記号で答えましょう。　1つ7〔21点〕

(1) はだが（　　）と光る。

(2) （　　）と時間をかける。

(3) （　　）と日差しがまぶしい。

ア ちらちら　　イ じわじわ　　ウ つやつや

# きほん 4 漢字を使おう①

教科書 33ページ

月 日
10分
/100点

## 1 ——の漢字の読みがなを書きましょう。 一つ4 〔48点〕

(1) 物語の創作。（　）

(2) 候補を立てる。（　）

(3) 耳を拝借する。（　）

(4) 郵便局へ行く。（　）

(5) 就任する。（　）

(6) 仁術を行う。（　）

(7) 土俵に立つ。（　）

(8) 紅茶の香り。（　）

(9) 紅花がさく。（　）

(10) 地図の縮尺。（　）

(11) 小さく縮む。（　）

(12) 班をつくる。（　）

## 2 □に当てはまる漢字を書きましょう。 一つ4 〔52点〕

(1) □□の□い。

(2) □□の□い。

(3) 手に□る。

(4) □□の□ば。

(5) □だ。や□。幹。

(6) □□に□わる。

(7) □を□べる。

(8) 犬を□う。

(9) □□□を食べる。

(10) □□□□の補修。

かくにん　5

教科書 33ページ

月　日

10分

／100点

# 漢字を使おう1

**1** □に当てはまる漢字を書きましょう。　1つ10〔80点〕

(1) 詩の ［そうさく］□□。

(2) 有力な ［こうほ］□□。

(3) ［ゆうびん］□□ 配達。

(4) ［しゅうにん］□□ を祝う。

(5) ［じしゃく］□□ をほじょする。

(6) ［こうちゃ］□□ を飲む。

(7) ［しゅくしゃく］□□ を計算する。

(8) ［はん］□ で行動する。

**2** 下の意味になるように、□に当てはまる漢字を書きましょう。
　1つ5〔20点〕

(1) ［かいしゅう］□□　（こわれたところをつくり直すこと。）

(2) ［そくりょう］□□　（土地の面積などをはかること。）

(3) ［さいしゅう］□□　（研究などの目的ごとに集めること。）

(4) ［ていじゅう］□□　（ある場所にとどまること。）

答えは66ページ

10分　/100点

# 社会教育施設へ行こう
# 季節の足音——春
# 意見を聞いて考えよう

**1** ——の漢字の読みがなを書きましょう。　一つ10(60点)

(1) 地域の祭り。 （　　　）
(2) 展示する。 （　　　）
(3) 郷土料理 （　　　）
(4) 映像を見る。 （　　　）
(5) 展覧会に行く。 （　　　）
(6) 考えが異なる。 （　　　）

**2** 次の——の言葉の使い方が正しいほうに、○を付けましょう。　一つ5(20点)

(1) ア（　） 宿題のあとにテレビを見ようと闘志をこがす。
　　イ（　） 試合に勝とうという闘志がみなぎる。

(2) ア（　） パンダを見ようと客がひしめく。
　　イ（　） おやつをこっそり食べてやろうとひしめく。

(3) ア（　） 今日のご飯は大まかに食べた。
　　イ（　） 明日の予定を大まかに決める。

(4) ア（　） 旅行に行ったときの楽しい背景を思い出す。
　　イ（　） 事件が起こった背景となる人間関係を調べる。

**3** 次の月に当てはまる呼び方を下から選んで、——で結びましょう。　一つ4(20点)

(1) 一月　・
(2) 三月　・
(3) 六月　・
(4) 十月　・
(5) 十二月　・

・ア 弥生（やよい）
・イ 水無月（みなづき）
・ウ 神無月（かんなづき）
・エ 睦月（むつき）
・オ 師走（しわす）

教科書 34〜43ページ

# かくにん 5

社会教育施設へ行こう
季節の足音——春
意見を聞いて考えよう

月　日　／100点　10分

答え 66ページ

## 1 □に当てはまる漢字を書きましょう。〔1つ8点／48点〕

(1) □□ の □□。

(2) それだ □□ 物。

(3) □□ の 伝統。

(4) □□□ な 作品。

(5) □□□□ の 総称。

(6) □□ となる意見。

## 2 □に当てはまる、同じ読みがなの漢字を書きましょう。〔1つ6点／36点〕

(1)
① 写真に □ る。
② 席を □ る。
③ □ に □ じる。

(2)
① 個 □ を開く。
② 古 □ を読む。
③ 天体の首 □。

## 3 次の言葉の意味をア〜エから選んで、記号で答えましょう。〔1つ4点／16点〕

(1)（　）　インターネット
(2)（　）　メディア
(3)（　）　データ
(4)（　）　検索

ア　コンピューター同士をつなぐネットワーク。
イ　何かをする一定の速度。
ウ　世界中を何本もの回線でつなぐこと。
エ　数ある情報の中にある情報にすばやくたどり着くための手段を探し出すこと。

# きほん 6

## 三字以上の熟語の構成

月　日　　10分　　／100点

**1** ――の漢字の読みがなを書きましょう。　一つ6〔72点〕

(1) 熟語の成り立ち。
(2) 電車賃がない。
(3) 国連の加盟国。
(4) 警察署の前。
(5) 養蚕業の歴史。
(6) 真善美の追求。
(7) 臨時のバス。
(8) 宇宙への旅。
(9) 意欲的な姿勢。
(10) 穀倉地帯。
(11) 蚕を育てる。
(12) 善い行動。

**2** 次の三字熟語の構成はア〜ウのどれに当てはまりますか。記号で答えましょう。　一つ4〔16点〕

(1) 不器用（　）
(2) 安全性（　）
(3) 金銀銅（　）
(4) 少人数（　）

ア　一字の語＋二字熟語。
イ　二字熟語＋一字の語。
ウ　一字の語が三つ並ぶ。

**3** 次の熟語と構成が同じ熟語をア〜カから選んで、記号で答えましょう。　一つ2〔12点〕

(1) 上中下（　）
(2) 野生化（　）
(3) 大自然（　）
(4) 春夏秋冬（　）
(5) 学級活動（　）
(6) 宇宙飛行士（　）

ア　直接的
イ　都道府県
ウ　最小公倍数
エ　松竹梅
オ　臨時列車
カ　高性能

答えは66ページ

# 三字以上の熟語の構成

**1** □に当てはまる漢字を書きましょう。　1つ8〔56点〕

(1) てんしゃちん □□□ の計算。

(2) 国連に かめい □□ する。

(3) けいさつしょ □□□ に行く。

(4) ちょうおんそく □□□ の拡〈か〉大。

(5) しんぜんび □□□ を問う。

(6) りんじ □□ の列車。

(7) 豊かな こくそう □□ 地帯。

**2** □に当てはまる、同じ読みがなの漢字を書きましょう。　1つ4〔16点〕

(1) ヨク ①□人　②□望

(2) チュウ ①□返り　②白□

**3** □に当てはまる漢字を□から選んで、熟語を作りましょう。　1つ4〔28点〕

(1) □常識　(2) □公平　(3) □完成

(4) 夜行□　(5) 自由□　(6) 感動□

(7) □制限

不　無　非　未　的　化　性

答えは66ページ

# イースター島にはなぜ森林がないのか ①

**1** ──の漢字の読みがなを書きましょう。 一つ8〔72点〕

(1) 遺跡の調査。（　　　）

(2) ほ乳動物（　　　）

(3) 樹木の減少。（　　　）

(4) 無尽蔵な量。（　　　）

(5) 宗教の教え。（　　　）

(6) 彫刻の作品。（　　　）

(7) 恩恵を受ける。（　　　）

(8) 推定の人口。（　　　）

(9) 大切な存在。（　　　）

**2** 次の言葉の意味をア〜エから選んで、記号で答えましょう。 一つ4〔16点〕

(1) 開こん（　　）

(2) 伐採（　　）

(3) 繁栄（　　）

(4) 悲惨（　　）

ア さかえること。さかんになること。

イ 木などを切りたおすこと。

ウ 山などを切り開いて田や畑を作ること。

エ みじめでかわいそうな様子。

**3** 次の熟語の構成はア〜エのどれに当てはまりますか。記号で答えましょう。 一つ4〔12点〕

(1) 樹木（　　）

(2) 再生（　　）

(3) 防災（　　）

ア 意味が対になる漢字の組み合わせ。

イ 似た意味の漢字の組み合わせ。

ウ 上の漢字が下の漢字を修飾する組み合わせ。

エ 上の漢字が動作を、下の漢字がその対象を表す組み合わせ。

答えは66ページ

# イースター島にはなぜ森林がないのか　①

**1** □に当てはまる漢字を書きましょう。　1つ8(64点)

(1) 古代□跡（せき）の研究。

(2) □□（しゅもく）の調査。

(3) 無尽□（ぞう）な食りょう。

(4) 世界の□□（しゅうまつ）。

(5) 彫□（こく）を見る。

(6) □（おん）恵をもたらす。

(7) □□（すんてつ）切れ。

(8) 重要な□□（そんざい）。

**2** 次の熟語と反対の意味の言葉を　　　　から選んで、漢字に直して書きましょう。　1つ6(24点)

(1) 無名　↔　□□

(2) 生産　↔　□□

(3) 祖先　↔　□□

(4) 集合　↔　□□

```
しそん　　しょうひ　　かくさん　　ゆうめい
```

**3** （　）に当てはまる言葉をア〜ウから選んで、記号で答えましょう。　1つ4(12点)

(1) 森林が失われた原因は、（　）次のように考えられる。

(2) 人に知られないように、（　）計画を進めた。

(3) 黒い雲が増えてきて、（　）雨も降り始めた。

ア　しだいに　　イ　ひそかに　　ウ　おおよそ

答えは66ページ

きほん 8

# イースター島にはなぜ森林がないのか　②

**1** ──の漢字の読みがなを書きましょう。　一つ9（72点）

(1) 豊かな暮らし。
(2) 材木を供給する。
(3) 生態系の変化。

(4) 方法を誤る。
(5) 信用を傷つける。
(6) 厳しい練習。

(7) 論を進める。
(8) 段落に分ける。

**2** 次の言葉の意味を下から選んで、──で結びましょう。　一つ4（16点）

(1) はんしょく・　　・ア 非常に急ぐこと。
(2) 健全　　　　・　　・イ 生き物が子孫をふやすこと。
(3) 一般的　　　・　　・ウ 行いなどがしっかりしている様子。
(4) 早急　　　　・　　・エ 広くみとめられている様子。

**3** （　）に当てはまる言葉をあとから選んで、記号で答えましょう。
　一つ4（12点）

(1) 漢字の勉強をした。（　）、翌日のテストは算数だった。
ア あるいは　　イ しかし　　ウ だから

(2) 漢字のテストがある。（　）、算数のテストもある。
ア また　　イ つまり　　ウ なぜなら

(3) 明日は漢字のテストがある。（　）、今日は漢字の勉強をしなくてはならないということだ。
ア ところで　　イ そして　　ウ すなわち

答えは67ページ

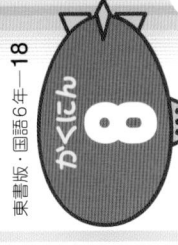

# イースター島にはなぜ森林がないのか　②

**1** □に当てはまる漢字を書きましょう。1つ8〔64点〕

(1) 昔の［く］らし。

(2) 水を［じゅんかん］する。

(3) ［せいたいけい］を守る。

(4) 操作を［あやま］る。

(5) 生き物が［きず］つく。

(6) ［きび］しい顔つき。

(7) ［ろん］を展開する。

(8) ［だんらく］を変える。

**2** □に当てはまる漢字を書き、( )には共通する部首名を書きましょう。

1つ8〔24点〕

(1) 花を［そな］える。

(2) 負［しょう］する。

部首名…(　　　　　　)

**3** ( )に当てはまる言葉をあとから選んで、記号で答えましょう。

1つ6〔12点〕

(1) 畑を見ると、新しい芽は育つことができなかった(　　)。

ア のだろうか　　イ こともできた　　ウ ようなのである

(2) 父はまだ、昨日のことを知らないの(　　)。

ア はずである　　イ かもしれない　　ウ からである

答えは67ページ

# 漢字を使おう2

**1** ——の漢字の読みがなを書きましょう。　1つ4〔40点〕

(1) 胃で消化する。（　　　）
(2) 腸の働き。（　　　）
(3) 肺で呼吸する。（　　　）

(4) 脳が発達する。（　　　）
(5) 心臓が動く。（　　　）
(6) 舌を出す。

(7) 人類の行く末。（　　　）
(8) くもり後晴れ。（　　　）

(9) 戸外に出る。（　　　）
(10) 家来を連れる。（　　　）

**2** □に当てはまる漢字を書きましょう。　1つ6〔60点〕

(1) ［せいさん］を納める。

(2) 災害に［そな］える。

(3) ［おうせい］のしくみ。

(4) 台風が［せっきん］する。

(5) ［たんご］が少ない。

(6) やわらかい［もうふ］。

(7) 道に［まよ］う。

(8) 激しく［も］える。

(9) ［ほうふつ］の日書。

(10) 市民を［ゆうどう］する。

答えは67ページ

教科書59ページ　　月　日　　10分　　/100点

# 漢字を使おう2

**1** □に当てはまる漢字を書きましょう。　1つ8〔64点〕

(1) ［い］が痛む。

(2) ［ちょう］で消化する。

(3) ［はいこ］がふくらむ。

(4) ［のう］を活性化する。

(5) ［しんぞう］の音。

(6) ［した］を巻く。

(7) 子の［ゆ］く末。

(8) ［のち］に知る。

**2** □に当てはまる言葉を□□□から選んで、漢字に直して書きましょう。ただし、言葉は一度ずつしか使えません。　1つ6〔36点〕

(1) 人命の□□にあたる。

(2) 東京の□□の気温を調べる。

(3) 観光地は□□に混雑している。

(4) □□をなつかしむ。

(5) □□管理を徹底する。

(6) □□が発生する。

```
かくに
えいせい
ひじょう
げんざい
かこ
きゅうじつ
```

答えは67ページ

## 情報のとびら　原因と結果
## いきいきとするために
## 文と文とのつながり（1）

**1** ――の漢字の読みがなを書きましょう。　1つ7〔42点〕

(1) 私たちの学校。（　　　）

(2) 危機意識が低い。（　　　）

(3) 対策を練る。（　　　）

(4) 卵を買う。（　　　）

(5) ガラスが割れる。（　　　）

(6) 割合を求める。（　　　）

**2** 論の進め方が分かりやすい文章を書くときのくふうを、アからキから四つ選んで、記号で答えましょう。　1つ7〔28点〕

（　　　・　　　・　　　・　　　）

ア　伝えたいことの中心を考え、情報を整理する。

イ　自分が知っている内容は、できるだけ省略する。

ウ　提示する情報と情報との関係を的確に示す。

エ　伝えたい情報に合った文章全体の構成を考える。

オ　伝えたいことは読み手に考えさせるようにする。

カ　説得力を高めるために、本からの引用を多くする。

キ　表やグラフ、写真などの資料も活用する。

**3** 次の文の――線と――線の関係が、原因と結果の関係になっているものには○を、そうでないものには×を付けましょう。　1つ6〔30点〕

(1) （　　）人口が増加した結果、食りょう不足が問題となった。

(2) （　　）寒い日が続いたことで、防寒具を買う人が増えた。

(3) （　　）父はケーキを、母は花束を買って帰ってきた。

(4) （　　）雨が降ると聞いたので、かさを持って出かけた。

(5) （　　）友人の発表が終わると、次はいよいよぼくの番だ。

答えは67ページ

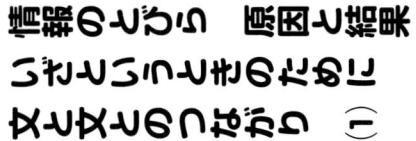

# 情報のとびら　原因と結果
## いきと生きるために
## 文と文とのつながり（1）

**1** □に当てはまる漢字を書きましょう。　1つ7〔42点〕

(1) （わたし）　の夢。

(2) （やま やま）がおとずれる。

(3) （たいさく）を講じる。

(4) （あつまり）がぶん化する。

(5) コップが（わ）れる。

(6) 高い（わりあい）。

**2** ——の言葉と、その反対の意味の言葉を漢字で書きましょう。
両方できて1つ6〔30点〕

(1) ちかくの小学校。　（　　　）←→（　　　）

(2) あんぜんな場所。　（　　　）←→（　　　）

(3) 川遊びをきんしする。　（　　　）←→（　　　）

(4) てんねんのダム。　（　　　）←→（　　　）

(5) 提案にはんたいする。　（　　　）←→（　　　）

**3** ——の言葉が修飾している言葉をア〜エから選んで、記号で答えましょう。　1つ7〔28点〕

(1) 昨日ア 君がくれたイ クッキーは とてもウ おいしかったエ よ。（　　　）

(2) 母のア 作るイ 料理は、どれも プロなみのウ できだエ。（　　　）

(3) 白く光るア あのイ 星が うしかい座のウ ベガだエ。（　　　）

(4) 今日ア 到着したイ あの 大きなウ バスに 乗ろうエ。（　　　）

答えは67ページ

# きほん 11

# 文と文とのつながり（2）
# 漢文に親しもう
# 文字の移り変わり

**1** ——の漢字の読みがなを書きましょう。　1つ8〔48点〕

(1) 皿を洗う。　（　　　　）

(2) 机を組み立てる。　（　　　　）

(3) 誕生日ケーキ　（　　　　）

(4) 砂糖を加える。　（　　　　）

(5) 暖かい春。　（　　　　）

(6) 砂場で遊ぶ。　（　　　　）

**2** 次の文の（　）に当てはまる言葉を　　　　から選んで、書きましょう。　1つ9〔36点〕

(1) ひらがなもかたかなも、漢字をもとにして（　　　　）で作り出された文字である。

(2) 音を表すためだけに用いられた漢字を（　　　　）という。

(3) （　　　　）は、(2)をくずして書いたものを、さらに簡略にして形を整えたものである。

(4) （　　　　）は、(2)の字画の一部を取り出したり、全体を取ったりして、形を整えたものである。

> 中国　　日本　　ひらがな　　かたかな
> 万葉がな　　漢字かな交じり文

**3** 次の説明に当てはまる言葉をア〜ウから選んで、記号で答えましょう。　1つ8〔16点〕

(1) 少し聞いただけで、ほかの全てのことが分かる。　（　　）

(2) 昔のことを学び、新しい知識や考え方を見つける。　（　　）

> ア　一を聞いて十を知る　イ　温故知新
> ウ　百聞は一見にしかず

かくにん **11**

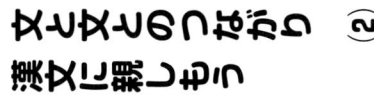

# 文と文とのつながり（2）
# 漢文に親しもう
# 文字の移り変わり

月　日

10分　／100点

---

**1** □に当てはまる漢字を書きましょう。　一つ10〔50点〕

(1) 顔を〔あら〕う。

(2) 〔つくえ〕を動かす。

(3) 〔たんじょうび〕を祝う。

(4) 〔さとう〕を足す。

(5) 〔あたた〕かい季節。

---

**2** 次の漢字を使わないほうを選んで、○を付けましょう。また、正しい漢字を□に書きましょう。　両方できて一つ10〔30点〕

(1) 当
- ア（　）トウ分晴れそうになる。
- イ（　）トウ分をひかえる。

(2) 断
- ア（　）温ダンな気候。
- イ（　）道路を横ダンする。

(3) 限
- ア（　）ゲン重に注意する。
- イ（　）体力のゲン界。

---

**3** （　）に当てはまる言葉をあとから選んで、記号で答えましょう。　一つ10〔20点〕

(1) 速く泳げるようになった。努力が実を結んだ（　）。
- ア ならようのに　イ わけがない　ウ のである

(2) 休み時間の教室はいつも無人だ。外で遊んでいる（　）。
- ア ことにした　イ からである　ウ ことがある

答えは67ページ

きほん **12**

# 風切るつばさ　(1)

**1** ——の漢字の読みがなを書きましょう。　1つ10〔60点〕

(1) 若い人。　(　)
(2) 川がうず巻く。　(　)
(3) 言い訳をする。　(　)

(4) 本の上巻。　(　)
(5) 通訳をする。　(　)
(6) 幼い鳥のエサ。　(　)

**2** 次の言葉の意味をア〜オから選んで、記号で答えましょう。

　1つ6〔30点〕

(1) パニック (　)　(2) 堂々めぐり (　)　(3) はけ口 (　)
(4) 一変 (　)　(5) プライド (　)

ア　同じことをくり返し、先へ進まないこと。
イ　思いがけない出来事で、混乱が起きること。
ウ　自分を大切だと思う気持ち。ほこり。
エ　がらりと変わること。
オ　気持ちや力をぶつけること。

**3** 部首がちがうものを　　　　から選んで、□に書きましょう。〔　〕にはちがうもの以外に共通する部首名を書きましょう。　1つ5〔10点〕

部首名…〔　　　　　　　〕

芸　若　菜　巻　茶

答えは67ページ

かくにん **12**

# 風切るつばさ　①

10分　　/100点

**1** □に当てはまる漢字を書きましょう。　1つ8〔24点〕

(1) 年が〔わか〕□ い。

(2) 風がうず〔き〕□ く。

(3) ちがいの言い〔わけ〕□ 。

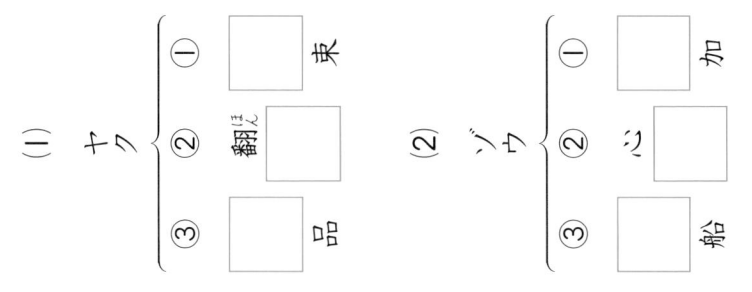

**2** □に当てはまる、同じ読みがなの漢字を書きましょう。　1つ10〔60点〕

(1) ケツ
① □束
② 翻□え
③ □品

(2) ソウ
① □加
② □に
③ □船

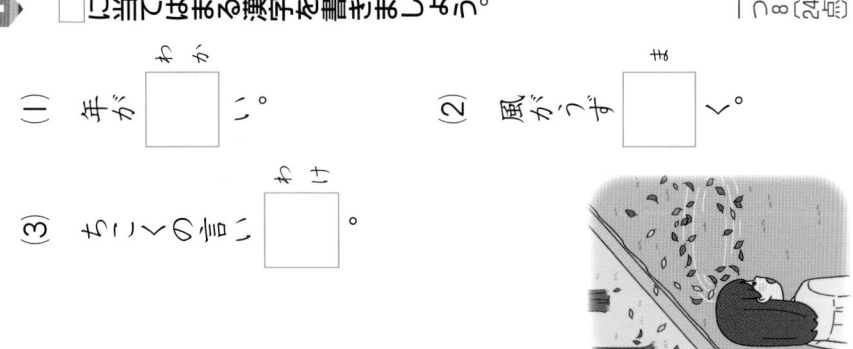

**3** （　）に当てはまる言葉をア〜ウから選んで、記号で答えましょう。

1つ8〔16点〕

(1) 落とした物をあちこちさがしているが、どこ（　　）。

(2) 店が満席だったので、空くまで待つ（　　）。

ア にちがい　　イ としか　　ウ しかない

答えは67ページ

きほん 13

# 風切るつばさ ②

**1** ――の漢字の読みがなを書きましょう。　1つ10〔30点〕

（　　　）　　（　　　）　　（　　　）

(1) 背がのびる。　(2) 庭の片すみ。　(3) 背景をかく。

**2** 次の言葉の意味を下から選んで、――で結びましょう。　1つ7〔49点〕

(1) つのる　　　・　　・ア　それ以外にない。

(2) 雰囲気　　　・　　・イ　気持ちよく感じる。

(3) みじめ　　　・　　・ウ　かわいそうで見ていられない。

(4) うずくまる　・　　・エ　その場全体の感じ。

(5) ゆいいつ　　・　　・オ　困難を予測して心構えをすること。

(6) 覚悟　　　　・　　・カ　ますます強くなる。

(7) ここちよい　・　　・キ　体を丸くしてしゃがむ。

**3** 次の慣用句の意味に合う言葉をア～オから選んで、記号で答えましょう。　1つ7〔21点〕

(1) （　　　）を向ける。……知らんぷりする。逆らう。

(2) （　　　）をきく。……話をする。しゃべる。

(3) （　　　）を横にふる。……賛成しない。承知しない。

ア　鼻　　イ　首　　ウ　頭　　エ　背　　オ　口

# 風切るつばさ　②

**1** □に当てはまる漢字を書きましょう。　1つ10〔30点〕

(1) 　［せ］　の順に並ぶ。

(2) 教室の　［かた］　すみ。

(3) 写真の　［はいけい］　。

**2** □に当てはまる、意味が対になる漢字を書きましょう。　1つ7〔56点〕

(1)
① 家の　［はい］　面。
② ［ぜん］　面におしだす。

(2)
① 村の長　［ろう］　。
② ［わか］　者の街。

(3)
① ［かた］　側通行
② ［りょう］　手を広げる。

(4)
① 日が　［く］　れる。
② 夜が　［あ］　ける。

**3** 次の——の言葉の使い方が正しいほうに、〇を付けましょう。
　1つ7〔14点〕

(1)
ア（　）朝ねぼうをしてしまったことを後悔する。
イ（　）試合で思いどおりに動くことができて後悔する。

(2)
ア（　）今日は、日に日に暑くなるそうだ。
イ（　）十二月に入り、日に日に寒くなってきた。

答えは68ページ

# きほん 14

## 漢字を使おう3
## 言葉相談室　つなぐ言葉の使い分け

**1**　——の漢字の読みがなを書きましょう。　　一つ6〔36点〕

(1) 虫歯を処置する。（　　　）

(2) 雑誌を買う。（　　　）

(3) 歌詞を覚える。（　　　）

(4) 誠実な態度。（　　　）

(5) 忠誠をつくす。（　　　）

(6) 国家の滅亡。（　　　）

**2**　□に当てはまる漢字を書きましょう。　　一つ4〔52点〕

(1) ［そせん］のお［はか］。

(2) ドレス姿の［しんぷ］。

(3) お［とう］の［だいぶつ］。

(4) ［とりい］をくぐる。

(5) ［れきし］と［でんとう］。

(6) 美しい［けんちく］物。

(7) 商品の［りゅうつう］。

(8) 野鳥を［ほご］する。

(9) ［おうだんほどう］。

(10) ［さんこう］セールの品。

**3**　——の漢字の二通りの読みがなを書きましょう。　　一つ6〔12点〕

(1) 危ない道をさける。（　　　）

(2) 危機に直面する。（　　　）

答えは68ページ

# 漢字を使おう3
# 言葉相談室　つなぐ言葉の使い分け

**1** □に当てはまる漢字を書きましょう。　一つ10〔60点〕

(1) 適切な　[　しょち　]　。

(2) 月刊の　[　ざっし　]　を読む。

(3) 曲に合う　[　かし　]　。

(4) [　せいじつ　]　な青年。

(5) [　ちゅうせい　]　をちかう。

(6) 幕府の滅　[　ぼう　]　。

**2** □に当てはまる漢字を書きましょう。　一つ5〔10点〕

(1) [　かんしゃ　]　を伝える。

(2) [　せいい　]　を示す。

**3** （　）に当てはまる言葉をあとから選んで、記号で答えましょう。
　一つ10〔30点〕

(1) わたしは泣いた。（　　）、転んで痛かったからだ。
　　ア ところが　　イ なぜなら　　ウ ゆえに

(2) 木に鳥が集まる。（　　）、虫も集まる。
　　ア さらに　　イ ところで　　ウ すなわち

(3) 大雨が降った。（　　）、災害にはいたらなかった。
　　ア 例えば　　イ そのうえ　　ウ しかし

# きほん 15

## インターネットの投稿を読み比べよう
## 季節の足音——夏

10分　　/100点

**1** ——の漢字の読みがなを書きましょう。

一つ6（48点）

(1) 体の負担。（　　　　）

(2) 価値のある絵。（　　　　）

(3) 激しい練習。（　　　　）

(4) 常識を疑う。（　　　　）

(5) けがや故障。（　　　　）

(6) 売り値が下がる。（　　　　）

(7) 激戦を制する。（　　　　）

(8) 疑問に思う。（　　　　）

**2** 次の——の漢字の意味を下から選んで、——で結びましょう。

一つ8（40点）

(1)
① 最安値・　　　・ア 数の大きさ。
② 数値・　　　・イ ねだん。

(2)
① 障害物・　　　・ア さまたげる。
② 保障・　　　・イ 守る。
③ 障子・　　　・ウ 空間をしきる。

**3** 次の——の言葉の使い方が正しいほうに、○を付けましょう。

一つ4（12点）

(1)
ア（　）失敗があってこそ、成功の喜びは大きくなる。
イ（　）失敗があってこそ、成功することはない。

(2)
ア（　）確かに共感できる意見だが、実現は難しそうだ。
イ（　）確かに説得力があるため、その話は信用できない。

(3)
ア（　）このまま雨が降り続くと、水不足になりかねない。
イ（　）このまま雨が降らないと、水不足になりかねない。

答えは68ページ

東書版・国語6年—32

かくにん 15

季節の足音——夏
インターネットの投稿を読み、比べよう

教科書 90〜101ページ

月　日

時間 10分　/100点

答え 68ページ

**1** □にあてはまる漢字を書きましょう。 1つ8[48点]

(1) 交通費を　□□　する。（ふたん）

(2) □□　のある本。（ちから）

(3) □　川の流れ。（はげ）

(4) □□　人を　□　読む。（ち／かた）

(5) 機械の　□□。（しくみ）

**2** 意見や主張を述べ、相手を説得するときの工夫について正しいものを三つ選んで、○をつけましょう。 1つ6[12点]

ア（　）書物や有名な人の言葉を引用する。

イ（　）相手の賛同が得られるような、強い言葉を使う。

ウ（　）自分の経験から得たことを、具体的な言葉を使ったりする。

エ（　）相手の意見を述べ、それについて、具体的な数値を使った主張を述べる。

**3** 夏を表す言葉には○、そうでない言葉には×を付けましょう。 1つ8[48点]

(1)（　）風鈴（ふうりん）

(2)（　）蛍（ほたる）

(3)（　）いろり

(4)（　）青葉（あおば）

(5)（　）こたつ

(6)（　）すべり台

きほん 16

# いま始まる新しいいま
# 心の動きを俳句で表そう
# 話し合って考えを深めよう

**1** ——の漢字の読みがなを書きましょう。　1つ7[56点]

(1) 俳句を学ぶ。　(2) 言葉を探す。　(3) 計画に沿う。

(4) 手紙が届く。　(5) 探検に行く。　(6) 沿道での見物。

(7) 心臓の動き。　(8) 感覚が異なる。

**2** 次の言葉の意味をア〜エから選んで、記号で答えましょう。　1つ7[28点]

(1) 新鮮　（　　）　(2) めぐる　（　　）

(3) 塗り替える　（　　）　(4) まじわる　（　　）

ア　前とはすっかり変えること。

イ　全然使っていなくて、全く新しいこと。

ウ　回って、また元にもどること。

エ　よごれがなくて、生き生きとしていること。

**3** （　）に当てはまる言葉をア〜エから選んで、記号で答えましょう。　1つ8[16点]

(1) 俳句は（　　）の十七音から成る短い詩である。

(2) 季節感を表す「（　　）」を入れて作る。

ア　五・七・五　　イ　五・五・七

ウ　季語　　　　　エ　切れ字

かくにん 16
いまの自分を表す新しい漢字をつくろう／話し合って考えを深めよう／始まりを表す俳句

教科書 110〜122ページ

月　日　　/100点　　10分

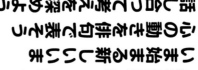

**1** □に当てはまる漢字を書きましょう。 〔1つ6点〕

(1) 短歌と□く（たんか／はい）

(2) 持ち主を□す。（さが）

(3) 期待に□う。（そ）

(4) 通知が□く。（とど）

**2** 形に注意して、□に当てはまる漢字を書きましょう。 〔1つ8点〕

(1)
① □（ひ）常識な行動。
② □（はい）句に親しむ。
③ □（ひ）鳴を上げる。

(2)
① 海に□（たん）もぐる。
② 魚群を□（たん）知する。

**3** 次の季語が表す季節をア〜エから選んで、記号で答えましょう。 〔1つ6点〕

ア 春
イ 夏
ウ 秋
エ 冬

(1) 雪（ゆき）（　　）
(2) 卒業（そつぎょう）（　　）
(3) ひな（　　）
(4) とんぼ（　　）
(5) すいか（　　）
(6) 立秋（りっしゅう）（　　）

## 漢字を使おう4
## 場面に応じた言葉づかい

**1** ──の漢字の読みがなを書きましょう。　1つ5〔40点〕

(1) 切り株にする。（　　　）

(2) 店の看板。（　　　）

(3) 星座を覚える。（　　　）

(4) 盛り上げ役（　　　）

(5) チケットを発券する。（　　　）

(6) 専門的な知識。（　　　）

(7) 君主の玉座。（　　　）

(8) 都市計画読本

**2** □に当てはまる漢字を書きましょう。　1つ4〔60点〕

(1) 〔くんしゅう〕□□の地。

(2) 〔かく　　　し〕□□をくらべる。

(3) 船で〔いうかい〕□□する。

(4) 仲の〔ふ　　　か〕□□。

(5) 〔りま　ひ〕□□の〔ちょきん〕□□。

(6) 〔に　　が　お　え〕□□をかく。

(7) 〔にっこう〕□□を変える。

(8) 〔かってわ〕□□な室温。

(9) 〔おうふく〕□□の運賃。

(10) 〔じゅんじょ〕□□を正す。

(11) 〔ゆめ〕□の〔たんごく〕□□公演。

(12) 店の〔えいぎょう〕□□時間。

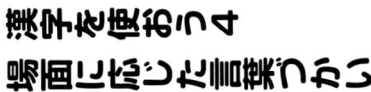

# 漢字を使おう4
# 場面に応じた言葉づかい

**1** □に当てはまる漢字を書きましょう。 一つ10〔60点〕

(1) 大きな切り[かぶ]□。

(2) [かんばん]□□を見上げる。

(3) [けしき]□□をながめる。

(4) 会を[も]□り上げる。

(5) きっぷの[はっけん]□□機。

(6) [せんもん]□□店で買う。

**2** □に当てはまる漢字を書きましょう。 一つ8〔32点〕

(1) 車で[いどう]□□する。

(2) プラスチック[ようき]□□。

(3) [きろくぶん]□□□を読む。

(4) 神戸行きの船が大阪に[きこう]□□する。

**3** 荷物を運ぶのを次の相手にお願いする場合に、次のような言葉づかいをすればよいか、ア〜ウから選んで、記号で答えましょう。 一つ4〔8点〕

(1) 友達 （　） (2) 先生 （　）

ア 申し訳ありませんが、運ぶのを手伝ってくれるかな。

イ 悪いけど、運ぶのを手伝ってもらえないかな。

ウ すみませんが、運ぶのを手伝っていただけませんか。

教科書 126〜148ページ

月　日

10分

/100点

# 模型のまち　(1)

**1** ──の漢字の読みがなを書きましょう。

1つ7〔63点〕

(1) 町の模型。（　　　）

(2) 単純な遊び。（　　　）

(3) 転勤する。（　　　）

(4) 潮が寄せる。（　　　）

(5) 鉄骨のつくり。（　　　）

(6) 長い棒。（　　　）

(7) 規模が大きい。（　　　）

(8) 銀行に勤める。（　　　）

(9) 体の骨。（　　　）

**2** 次の説明に当てはまる言葉をア〜キから選んで、記号で答えましょう。

1つ3〔21点〕

(1) あるものが心にあたえる感じ。（　　　）

(2) 都市ととなり合っている田園地域。（　　　）

(3) おでこ。（　　　）

(4) 細かいところまでくわしいこと。（　　　）

(5) 和服用の織物。（　　　）

(6) 神社や寺院の中。（　　　）

(7) 喜びをおさえきれずにあげる声。（　　　）

ア　郊外　　イ　詳細　　ウ　境内　　エ　額

オ　歓声　　カ　呉服　　キ　印象

**3** 次の漢字の太い部分は何画目に書きますか。漢数字で書きましょう。

1つ4〔16点〕

(1) 純（　　　）画

(2) 勤（　　　）画

(3) 骨（　　　）画

(4) 棒（　　　）画

答えは69ページ

# 模型のまち （1）

/100点

**1** □に当てはまる漢字を書きましょう。 1つ8〔48点〕

(1) 電車の［もけい］。

(2) ［たんじゅん］に考える。

(3) 父の［てちょう］。

(4) ［しお］の満ち引き。

(5) ［れんが］でできた家。

(6) ［ぼう］を使う。

**2** 次の言葉の意味を下から選んで、——で結びましょう。 1つ5〔40点〕

(1) おおう ・　　・ ア 声が高くなっていう。

(2) とまどう ・　　・ イ あるものに付いて続く。

(3) あきれる ・　　・ ウ 安定していたものがこわれる。

(4) うばう ・　　・ エ どうしたらよいかと迷う。

(5) 沿う ・　　・ オ 人のものを取って自分のものにする。

(6) 気どる ・　　・ カ 意外なことがあってあ然とする。

(7) うわる ・　　・ キ 見た目をとりつくろってすます。

(8) くずれる ・　　・ ク かぶさって、下のものをかくす。

**3** 「つとめ（る）」という読みの漢字を三つ書きましょう。 1つ4〔12点〕

(1) 品質向上に［　］める。

(2) 会社に［　］める。

(3) 委員長を［　］める。

# 模型のまち (2)

**1** ──の漢字の読みがなを書きましょう。　一つ7〔49点〕

(1) 穴をほる。（　　）

(2) 地層を調べる。（　　）

(3) 興奮する。（　　）

(4) 横に延びる。（　　）

(5) 銭湯に通う。（　　）

(6) 力を奮う。（　　）

(7) 来月に延期する。（　　）

**2** 次の言葉と似た意味の言葉をア〜カから選んで、記号で答えましょう。　一つ5〔30点〕

(1) たくさん（　　）

(2) きみょう（　　）

(3) おせっかい（　　）

(4) 強引（　　）

(5) 思いがけない（　　）

(6) あっけない（　　）

ア 意外
イ ひま
ウ 無理やり
エ 不思議
オ 出しゃばり
カ 簡単で物足りない

**3** ──の漢字の読みがなが上の漢字と同じほうに、○を付けましょう。　一つ7〔21点〕

(1) 模様
　ア（　）模造
　イ（　）規模

(2) 潮流
　ア（　）潮時
　イ（　）満潮

(3) 無骨
　ア（　）人骨
　イ（　）背骨

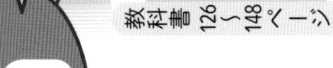

## 模型のまち ②

**1** □に当てはまる漢字を書きましょう。 1つ8〔40点〕

(1) （あな）が空く。

(2) （ちそう）を研究する。

(3) 激しく（しんどう）する。

(4) 線路が（　）のびる。

(5) （せんとう）で入浴する。

**2** 上の漢字が下の漢字を修飾する組み合わせになるように、□に当てはまる字を [ ] から選んで、漢字に直して書きましょう。（　）の説明は、□に当てはまる漢字の意味を表しています。 1つ8〔32点〕

(1) 古□ （お金）

(2) 高□ （階）

(3) 綿□ （細長いもの）

(4) 夜□ （仕事）

[ キン　シ　セン　ボウ ]

**3** 次の意味の外来語を、一字目につなげて書きましょう。 1つ7〔28点〕

(1) スポーツなど共通の目的を持つ人の会 （ク　　）

(2) 球を半分にした形の天井や屋根 （ド　　）

(3) 名前をつけること （ネ　　）

(4) 先頭に立って、ほかの人を引っぱる人 （リ　　）

きほん 20

教科書 149～151ページ

漢字を使おう5
言葉相談室　その修飾（しょく）は、どこにかかるの？

月　日

10分　／100点

1 ——の漢字の読みがなを書きましょう。　一つ6〔48点〕

(1) 鉄鋼業を営む。（　　）
(2) 意見を批判する。（　　）
(3) 機器を操作する。（　　）
(4) 三つ子の兄弟。（　　）
(5) 六月目をむかえる。（　　）
(6) 六つ切りのチーズ。（　　）
(7) 八つ当たり（　　）
(8) 十人十色の暮らし。（　　）

2 □に当てはまる漢字を書きましょう。　一つ4〔52点〕

(1) □□（ほうさく）を祝う。
(2) □□（こうぶつ）をほる。
(3) □□（ぼうえき）と関税。
(4) ヒマラヤ□□（さんみゃく）
(5) □□（りえき）の□□（ぞうげん）。
(6) 絹（きぬ）の□□（おりもの）。
(7) □□（ゆしゅつ）と□□（ゆにゅう）。
(8) □□（のうこう）民族
(9) 小麦□（こ）の□□（きんがく）。
(10) □□（こくさい）問題

答えは69ページ

教科書 149～151ページ　　月　日　　10分　／100点

## 漢字を使おう5
## 言葉相談室　その修飾は、どこにかかるの？

**1** □に当てはまる漢字を書きましょう。　1つ9[36点]

(1) （てっこう）□□業が栄える。

(2) 厳しい（ひはん）□□。

(3) （そうさ）□□を覚える。

(4) （み）□つ編みをする。

**2** □に当てはまる漢字を書きましょう。　1つ5[10点]

(1) 日本の（せいひん）□□。

(2) 白い（きぬいと）□□。

**3** ——の言葉を修飾している言葉をあとから選んで、記号で答えましょう。　1つ9[54点]

(1) ア友達に　イ借りた　ウ本を　エ返す。　（　　）

(2) ア テーブルの　イ 下に　あるのは　ウ 弟の　エ ボールです。　（　　）

(3) ア 自転車に　イ 乗った　ウ 少女が　エ 楽しそうに　歌う。　（　　）

(4) ア 急な　イ 雨が　ウ とても　エ 激しく　降った。　（　　）

(5) ア 山口さんと　イ 金子さんは　ウ キャンプに　エ 行く。　（　　）

(6) 今週は　ア 懸命に　イ 国語の　ウ 宿題に　エ 取り組んだ。　（　　）

# 「永遠のごみ」プラスチック

**1** ——の漢字の読みがなを書きましょう。 1つ8〔64点〕

(1) 困った事態。（　　　）

(2) ごみの回収。（　　　）

(3) 紙を捨てる。（　　　）

(4) 美しい包装。（　　　）

(5) 資源の活用。（　　　）

(6) 法律を守る。（　　　）

(7) 手順に従う。（　　　）

(8) 使用済みの油。（　　　）

**2** 次の言葉の意味をア〜エから選んで、記号で答えましょう。 1つ6〔24点〕

(1) 循環（　　　）

(2) 過程（　　　）

(3) 配慮（　　　）

(4) 持続（　　　）

ア 気をつかうこと。

イ 一回りして元の状態にもどることをくり返すこと。

ウ 物事が進んでいく順序や途中の経過。

エ ある状態がずっとつづくこと。

**3** 次の言葉に続くものを下から選んで、——で結びましょう。 1つ2〔12点〕

(1) 環境に悪えいきょうを・　　・ア ただよう

(2) 海に流れこむごみの量を・　　・イ くだける

(3) 小さなごみが海上を・　　・ウ 推定する

(4) プラスチックが小さく・　　・エ およぼす

(5) 生き物の体に悪い成分を・　　・オ 防ぐ

(6) 事態が悪化することを・　　・カ ふくむ

答えは70ページ

# 「永遠のごみ」プラスチック

**1** □に当てはまる漢字を書きましょう。　1つ10[80点]

(1) （いま）□った人。

(2) 商品を（かいしゅう）□□する。

(3) 未練を（す）□てる。

(4) （ほそう）□□をはがす。

(5) 豊かな（しげん）□□。

(6) （ほうりつ）□□を定める。

(7) 規則に（したが）□う。

(8) 提出（ず）□みの宿題。

**2** ——の言葉を、漢字と送りがなで書きましょう。　1つ5[10点]

(1) 勝利をおさめる。　（　　　　　）

(2) 事実がどうかをたしかめる。　（　　　　　）

**3** 次のうち、主張を述べているものに、○を付けましょう。　[10点]

ア（　）夏場の電気代がかさむ理由として、エアコンを長時間つけていることが挙げられる。

イ（　）エアコンの使い方をくふうするなどの対策を行って、むだに電気を使わないように心がけるべきだ。

ウ（　）電気代を節約するために、例えば、エアコンの使い方をくふうしたり、こまめに部屋の電気を消したりするなどの方法がある。

答えは70ページ

# 情報のとびら 情報の信頼性と著作権 発信しよう、私たちのSDGs 季節の足音——秋

**1** ——の漢字の読みがなを書きましょう。　一つ8〔48点〕

(1) 著作権を守る。　(2) 一冊の本。　(3) 誤りを正す。

(4) 異なる内容。　(5) 存在する。　(6) 高い割合。

**2** 次の説明に当てはまる言葉をア〜エから選んで、記号で答えましょう。　一つ8〔32点〕

(1) 情報を伝えるための手段。　（　）

(2) 情報の元になるもの。出どころ。　（　）

(3) 持続可能な開発目標。　（　）

(4) 何かを作るためにかかった費用。　（　）

　ア SDGs　　イ ソース

　ウ コスト　　エ メディア

**3** 次の言葉と同じ季節を表す言葉をア〜エから選んで、記号で答えましょう。　一つ5〔20点〕

(1) 運動会 （　）　(2) ひまわり （　）

(3) 初雪 （　）　(4) つくし （　）

　ア 月　　イ 風鈴

　ウ かえる　　エ こたつ

答え 70ページ

情報のとびら　情報の信頼性と著作権
発信しよう、私たちのSDGs
季節の足音——秋

月　　日

10分

/100点

**1** □に当てはまる漢字を書きましょう。　一つ10〔60点〕

(1) ┌─┬─┐ の知識。
　　　ちょさくけん

(2) ┌─┬─┐ のノート。
　　　こくご

(3) ┌─┐ りを認める。
　　　あやま

(4) ┌─┐ なる考え。
　　　こと

(5) 現実に ┌─┬─┐ する。
　　　　　てんきん

(6) ┌─┬─┐ を上げる。
　　　ありあい

**2** ——のまちがっている漢字を正しく書き直しましょう。　一つ10〔30点〕

(1) 本の貯者について調べる。　┌──┐

(2) 作品を服製する。　┌──┐

(3) 広報が発進する情報。　┌──┐

**3** 情報を調べたり使ったりするときに注意することについて、正しく述べているもの全てに○を付けましょう。　全部できて〔10点〕

ア（　）信頼できる情報がどうかに注意する。

イ（　）他人の文章はできるだけ引用しないようにする。

ウ（　）いくつかの情報を比べて内容を精査する。

エ（　）SNSの情報はまちがっているので参考にしない。

オ（　）他人の文章を引用する際には、筆者名・書名・引用した日を明記する。

答えは70ページ

きほん **23**

# プレゼンテーションをしよう
# 漢字を使おう6

10分 ／100点

**1** ——の漢字の読みがなを書きましょう。 1つ5〔30点〕

( )　( )　( )
(1) 動物の腹部。　(2) 日本の縦断。　(3) 税金を納める。

( )　( )　( )
(4) 秘密をもらす。　(5) 意味の派生。　(6) 源泉をたどる。

**2** □に当てはまる漢字を書きましょう。 1つ5〔70点〕

(1) そうりぞくせん〔□□□□〕でこむ。
(2) せきにんしゃ〔□□□□〕になる。

(3) 公式を しょうめい〔□□〕する。
(4) くわしい けんさ〔□□〕。

(5) 言語の こうぞう〔□□〕。
(6) 成功を よろこ〔□〕ぶ。

(7) こうりつ〔□□〕がよい。
(8) ぎむ〔□□〕を果たす。

(9) 中身を たし〔□〕かめる。
(10) きかい〔□□〕の発展。

(11) ちゃくがん〔□□〕点がよい。
(12) かせつ〔□□〕を立てる。

(13) ぶが まず〔□〕しい。
(14) ふぞく〔□□〕の品物。

答えは70ページ

教科書 176〜183ページ

月　日

10分

/100点

# プレゼンテーションをしよう
# 漢字を使おう6

**1** □に当てはまる漢字を書きましょう。　一つ10〔60点〕

(1) ［ふく｜ぶ］が痛む。

(2) 国を［じゅう｜だん］する。

(3) 年貢を［おさ］める。

(4) ［ひ｜みつ］を守る。

(5) 言語が［は｜せい］する。

(6) 知識の［けん｜せん］。

**2** 次の文中にはまちがって使われている漢字が三字ずつあります。ぬき出して正しく書き直しましょう。　両方できて一つ5〔30点〕

(1) 水道管の古障の原員を多くして改明して、報告する。

□→□　□→□　□→□

(2) 新たな機脳の開発によって商品生産の公率が上がり、新形の機械の開発にもつながった。

□→□　□→□　□→□

**3** 書き言葉で書かれた次のメモを、人に伝えるように、話し言葉に改めて書きましょう。　〔10点〕

・発表会（十五時開始）

# 複合語

**1** ──の漢字の読みがなを書きましょう。　　一つ5〔30点〕

(1) 家を訪問する。　（　　　）
(2) 絹糸をつむぐ。　（　　　）
(3) 中身を取り除く。　（　　　）
(4) 宅配便が届く。　（　　　）
(5) 蒸気機関車　（　　　）
(6) 聖火リレー　（　　　）

**2** 次の二つの言葉を結び付けて複合語を作りましょう。　　一つ5〔40点〕

(1) 見る・送る　（　　　）
(2) 青い・白い　（　　　）
(3) 急ぐ・足　（　　　）
(4) 長い・く　（　　　）
(5) なわ・とぶ　（　　　）
(6) 早く・ねる　（　　　）
(7) 雨・かさ　（　　　）
(8) ピアノ・教室　（　　　）

**3** 次の複合語の組み合わせをア〜カから選んで、記号で答えましょう。

一つ5〔30点〕

(1) オレンジジュース（　　）
(2) まどガラス（　　）
(3) 雪合戦（　　）
(4) りんご畑（　　）
(5) サッカー大会（　　）
(6) 総合優勝（　　）

ア　和語と和語の組み合わせ
イ　漢語と漢語の組み合わせ
ウ　外来語と外来語の組み合わせ
エ　和語と外来語の組み合わせ
オ　外来語と漢語の組み合わせ
カ　和語と漢語の組み合わせ

答えは70ページ

# 複合語

## 1 □に当てはまる漢字を書きましょう。 1つ7[42点]

(1) 家庭 ［ほうもん］

(2) 美しい ［きぬこと］。

(3) 不安を取り ［のぞ］ く。

(4) ［たくはいびん］ を送る。

(5) ［じょうき］ を出す。

(6) ［せいか］ をともす。

## 2 _____のかたかなを漢字にして、二字の熟語を作りましょう。 1つ4[16点]

(1) ［　］草ぎりをまく。

(2) 自 ［　］ でいどむ。

(3) 水が ［　］ 発する。

(4) キリスト教の ［　］ 書。

> セイ　ショ　タク　ショウ

## 3 次の複合語はどのような二つの言葉が結び付いてできたものですか。二つの言葉を書きましょう。 両方できて1つ7[42点]

(1) 食べ物 （　　・　　）
(2) 粉ミルク （　　・　　）

(3) うで時計 （　　・　　）
(4) 消しゴム （　　・　　）

(5) 細長い （　　・　　）
(6) 力強い （　　・　　）

答えは70ページ

# 海のいのち

**1** ——の漢字の読みがなを書きましょう。 1つ10(60点)

(1) 針をぬく。　　(2) 美しい宝石。　　(3) 灰色に近い。

(4) 優にいる。　　(5) 針葉樹の森。

(6) 宝物を探す。

**2** 次の言葉の意味をア〜オから選んで、記号で答えましょう。
1つ6(30点)

(1) はばかる（　）　　(2) しとめる（　）

(3) 事切れる（　）　　(4) 共鳴（　）　　(5) 屈強（　）

ア　きわめて力強く、たくましい。

イ　息が止まって死ぬ。

ウ　えんりょして、ひかえめにする。

エ　ねらったえものを確実にうちとる。

オ　ある物体が立てる音を受けて、ほかも音を立てること。

**3** 次の——の言葉の使い方が正しいほうに、○を付けましょう。
1つ5(10点)

(1) ｛ア（　）友達から不意に電話があり、会うことになった。
　　イ（　）遊ぶ約束をしようと友達に不意に話しかけた。

(2) ｛ア（　）さいふの中には、優に五十円しか入っていない。
　　イ（　）身長は、優に百八十センチメートルをこえる。

答えは71ページ

教科書 186〜200ページ

月　　日

10分

# 海のいのち

/100点

---

**1** □に当てはまる漢字を書きましょう。 1つ9〔36点〕

(1) ［ はり ］ に糸を通す。

(2) ［ ほうせき ］ をつける。

(3) ［ はこぶね ］ の空。

(4) 一週間は［ ゆう ］に持つ。

---

**2** □に当てはまる同じ部首の漢字を書きましょう。 1つ5〔40点〕

(1)
① ［ しん ］ 葉樹を植える。

② ［ こく ］ 則を守る。

③ ［ せん ］ 湯に行く。

④ 望遠［ きょう ］ で星を見る。

(2)
① ［ ゆう ］ 勝する。

② ごみが ［ ふ ］ 着する。

③ ［ し ］ 事に行く。

④ ［ か ］ 定して考える。

---

**3** （ ）に当てはまる言葉をア〜ウから選んで、記号で答えましょう。

1つ8〔24点〕

(1) 電灯をつけた（　　）、ねむりこんでしまった。

(2) 今日（　　）は試合に勝ちたい。

(3) 結局、電車で行く（　　）方法はなかった。

　ア まま　　イ こそ　　ウ しか

答えは71ページ

# 漢字を使おう7
# 言葉相談室　似た意味の言葉の使い分け

**1** ——の漢字の読みがなを書きましょう。　一つ5〔40点〕

(1) 部屋を（　）乱す。
(2) 赤く（　）染まる。
(3) 手紙を（　）預かる。

(4) 一線を（　）退く。
(5) 一寸先は（　）闇。
(6) 矢を（　）射る。

(7) 磁石の（　）働き。
(8) 試合の（　）延期。

**2** □に当てはまる漢字を書きましょう。　一つ5〔60点〕

(1) 音楽の〔ざっし〕。
(2) 書類の〔てんしゃ〕。

(3) 本の〔かんこうねん〕。
(4) 歌集の〔くじゃ〕。

(5) 豊富な〔ちしき〕。
(6) 場所のせん〔りょう〕。

(7) 飲食の〔きんし〕。
(8) 〔　　〕い辞書。

(9) 〔か〕し出しカード。
(10) 〔しゅうしょく〕に勤め。

(11) 〔じょうほう〕を得る。
(12) 〔しりょう〕を見る。

答えは71ページ

教科書 201〜203ページ　　月　日　　10分　　/100点

## 漢字を使おう7
## 言葉相談室　似た意味の言葉の使い分け

**1** □に当てはまる漢字を書きましょう。 一つ10〔40点〕

(1) 列を [みだ] す。

(2) うす□[そ]まる。

(3) お金を [あず] かる。

(4) 現役を [しりぞ] く。

**2** 次の意味の熟語になるように、___のかたかなを漢字に直しましょう。 一つ10〔30点〕

(1) ものがこわれること。こわすこと。

(2) ある行動をしてもよいように認めること。

(3) よいか悪いか、世間の人の判断。

> バン　ソン　カ　ハ　ヒョウ　キョ

**3** 次の意味で使われている言葉をあとから選んで、記号で答えましょう。 一つ10〔30点〕

(1) 話がうまい様子。　　　　　　　　　（　　）
　　ア　おしゃべり　　イ　話し上手

(2) 物事をよく考え、慎重に行動する様子。（　　）
　　ア　注意深い　　イ　意気地がない

(3) 人当たりよく接する様子。　　　　　（　　）
　　ア　愛想がいい　　イ　八方美人

答えは71ページ

## 漢字を使おう8
## 季節の足音──冬

**1** ──の漢字の読みがなを書きましょう。　1つ5〔60点〕

(1) 天皇のご訪問。（　　　　）

(2) 皇后のお姿。（　　　　）

(3) 歴代の陛下。（　　　　）

(4) 政党の結成。（　　　　）

(5) 内閣総理大臣（　　　　）

(6) 省庁の統合。（　　　　）

(7) 裁判所へ行く。（　　　　）

(8) 日本国憲法（　　　　）

(9) 自己しょうかい（　　　　）

(10) 翌朝まで続く。（　　　　）

(11) 山頂に着く。（　　　　）

(12) 目的地に至る。（　　　　）

**2** □に当てはまる漢字を書きましょう。　1つ4〔40点〕

(1) ［きそく］を守る。

(2) ［ぶし］の時代。

(3) ［じゅうろうびょうじ］

(4) ［どうぞう］を建てる。

(5) ［にゅうこうせいけん］

(6) ［りんじ］を見る。

(7) ［しょくぎょう］を調べる。

(8) ［ぎこん］をだくわえる。

(9) ［はんざいぼうし］

(10) ［せっぷうけい］な家。

答えは**71**ページ

かくにん **27**

# 漢字を使おう8
# 季節の足音――冬

**1** □に当てはまる漢字を書きましょう。　一つ9〔72点〕

(1) せいとう ☐☐ が対立する。

(2) ないかく ☐☐ を組織する。

(3) 各 しょうちょう ☐☐ の大臣。

(4) さいばんしょ ☐☐☐ の見学。

(5) けんぽう ☐☐ に従う。

(6) ぎこう ☐☐ をみがく。

(7) よくあさ ☐☐ の会議。

(8) さんちょう ☐☐ からのながめ。

**2** ——の言葉を漢字に、〜〜〜の言葉を漢字と送りがなに直して、文を書き直しましょう。　全部できて一つ10〔20点〕

(1) しゅうしょくするえきを、ゆがんで、せっけいにしたがう。

(2) けんじゅうにうつこのにさんえんかがやくぎこうする。

**3** 次のア〜エから冬の季語を一つ選んで、記号で答えましょう。

一つ4〔8点〕

ア　落ち葉　　イ　赤とんぼ　　ウ　青葉　　エ　粉雪

(　　・　　)

答えは71ページ

古典芸能への招待状
言葉の移り変わり

**1** ──の漢字の読みがなを書きましょう。　一つ5〔30点〕

(1) 演劇に親しむ。（　　　）

(2) 楽器の演奏。（　　　）

(3) 力を発揮する。（　　　）

(4) 観衆が喜ぶ。（　　　）

(5) 芸が継承される。（　　　）

(6) 映像を鑑賞する。（　　　）

**2** 次の言葉の意味をア〜オから選んで、記号で答えましょう。

一つ8〔40点〕

(1) 芸能（　　）　(2) 風習（　　）

(3) 洗練（　　）　(4) 観衆（　　）

(5) 継承（　　）

ア その土地のならわしやしきたり。

イ くふうを重ね、すぐれたものにすること。

ウ 体を使って表現する芸術のこと。

エ 見物する人たち。

オ 前の時代のものをそのまま受けつぐこと。

**3** 次の言葉と同じ意味の外来語をア〜カから選んで、記号で答えましょう。

一つ5〔30点〕

(1) えり巻き（　　）　(2) 帳面（　　）　(3) 台所（　　）

(4) ごほうび（　　）　(5) 費用（　　）　(6) 利点（　　）

ア ノート　　イ マフラー　　ウ キッチン

エ コスト　　オ トラブル　　カ メリット

答えは71ページ

# 古典芸能への招待状
# 言葉の移り変わり

1 □に当てはまる漢字を書きましょう。 一つ10〔50点〕

(1) ［えんげき］を学ぶ。

(2) ピアノの［えんそう］。

(3) 実力を［はっき］する。

(4) ［かんしゅう］が集まる。

(5) 技術を継［しょう］する。

2 上の漢字が下の漢字を修飾するように、 ［　　］のかたかなを漢字に直しましょう。 一つ10〔30点〕

(1) ［　　］薬を使う。

(2) 大［　　］の支持。

(3) ピアノの独［　　］。

　　　　ソウ　　ゲキ　　シュウ

3 次の言葉は、世代によっては外来語で表されることが多くあります。 どんな言葉で表されるか、 一字目につなげて書きましょう。 一つ4〔20点〕

(1) えもんかけ　　　　　　　（ハ　　　　　　　　　　　）

(2) 物語　　　　　　　　　　（ス　　　　　　　　　　　）

(3) 思いつき　　　　　　　　（ア　　　　　　　　　　　）

(4) おどり　　　　　　　　　（ダ　　　　　　　　　　　）

(5) 案内所　　　　　　　　　（イ　　　　　　　　　　　）

答えは71ページ

# 宇宙への思い

**1** ──の漢字の読みがなを書きましょう。 一つ8〔56点〕

(1) （　　　）将来の夢。

(2) （　　　）否定する。

(3) （　　　）たがいを認め合う。

(4) （　　　）相手を尊重する。

(5) （　　　）避難所に行く。

(6) （　　　）我々の命。

(7) （　　　）貴重な物質。

**2** 次の説明に当てはまる言葉をア〜オから選んで、記号で答えましょう。 一つ4〔20点〕

(1) 少しのことで簡単にいわれてしまうこと。 （　　　）

(2) やると決意したことを最後までやり通すこと。 （　　　）

(3) 乱れていたものがおだやかになること。 （　　　）

(4) ある仕事に関わること。 （　　　）

(5) 遠くのことを考えること。 （　　　）

　　ア　もろい　　イ　たずさわる　　ウ　成しとげる

　　エ　はせる　　オ　しずまる

**3** ──の漢字の二通りの読みがなを書きましょう。 両方できて一つ8〔24点〕

(1) 尊い命。 （　　　・　　　）

(2) 私の名前。 （　　　・　　　）

(3) 人気がある。 （　　　・　　　）

答えは72ページ

教科書 218〜232ページ

月　日

10分

/100点

# 宇宙への思い

**1** □に当てはまる漢字を書きましょう。　1つ6〔42点〕

(1) ［しょうらい］の姿。

(2) ［ひてい］的な意見。

(3) 存在を［みと］める。

(4) 思こうを［そんちょう］する。

(5) 避難［なんじょ］の生活。

(6) ［われわれ］の世界。

(7) ［きちょう］な品物。

**2** ──の言葉を、漢字と送りがなで書きましょう。　1つ6〔18点〕

(1) むずかしい問題。　（　　　　　　）

(2) 気持ちを言いあらわす。　（　　　　　　）

(3) 災害にそなえる。　（　　　　　　）

**3** 次の──の言葉が修飾している言葉をそのままぬき出して書きましょう。　1つ8〔40点〕

(1) さまざまな 思いが あふれて くる。（　　　　）

(2) もっと 世界の ことを 知りたい。（　　　　）

(3) どれだけ 努力したか よく 分かる。（　　　　）

(4) 発表の いずれも 興味深い 内容だ。（　　　　）

(5) ほとんど 雨は 降らなかった。（　　　　）

答えは72ページ

## 漢字を使おう⑤
## 情報のとびら　未来への情報活用

**1** ——の漢字の読みがなを書きましょう。　1つ4〔24点〕

( 　　　　　) ( 　　　　　) ( 　　　　　)
(1) 諸説をふまえる。　(2) 親孝行をする。　(3) 干ばつが続く。

( 　　　　　) ( 　　　　　) ( 　　　　　)
(4) 晩ご飯を作る。　(5) 幕が下りる。　(6) 糸を垂らす。

**2** □に当てはまる漢字を書きましょう。　1つ4〔76点〕

(1) 運動の ［しゅうかん］。

(2) ［おう］ えだに ［かえ］ える。

(3) ［せい］ こっぱだ。

(4) ［だ　し］ の ［　　］ をぬく。

(5) ［け　わ］ しい顔つき。

(6) ［い　せい］ を発揮する。

(7) よい ［だ　ご］。

(8) ［しょうじょう］ をもらう。

(9) ［おうえん］ する。

(10) ［じかんわり］ の ［じゅぎょう］。

(11) ［えいえん］ の友情。

(12) ［せいせき］ の ［きじゅん］。

(13) ［とくい］ な競技。

(14) ［きん］ ちょうした ［けいけん］。

答えは72ページ

## かくにん 30

### 漢字を使おう6 情報のとびら 未来の情報活用

教科書 233〜235ページ

月　日　　/100点　10分

1 □に当てはまる漢字を書きましょう。1つ10点[60点]

(1) □ょう あるお話。

(2) 親□こう □せつ ない息子。

(3) □つ の被害。

(4) □はん ごはんの□立て。

(5) □が上がる。

(6) □ てて...

2 情報を活用するときに必要なことを述べた次の文の（　）に当てはまる言葉をア〜エから選んで、記号で答えましょう。1つ10点[40点]

(1) 情報を集めるときには、複数の情報から、（　）気をつけて選ぶ。

(2) 分ける内容を示すような言葉を用いて、情報を整理する際には、結果と原因に（　）必要がある。

(3) 集めた情報を読み手に伝えるときは、情報の出典を明示するなど、（　）。

(4) 調べて分かったことを本や文章にまとめるときは、（　）。

ア 自分と異なる図表や意見を目にすること。

イ 意見にあう考えへと結びつけること。

ウ 信頼できる情報かどうか、その情報を使ってもよいかに気をつけること。

エ 理由や事実と考えを分けて説明すること。

どう立ち向かう？　もしもの世界
表現をくふうする
君たちに伝えたいこと／春に

**1** ──の漢字の読みがなを書きましょう。 一つ6〔36点〕

(1) 情報を検討する。

(2) 感染症の拡大。

(3) 医療従事者

(4) 手洗いをする。

(5) 基本的な対策。

(6) 誤った情報。

**2** 次の言葉の意味を下から選んで、──で結びましょう。 一つ4〔28点〕

(1) 多面的　　　　・　　　・ア　特に目立たせる様子。

(2) 印象的　　　　・　　　・イ　心に特別に残る様子。

(3) 強調的　　　　・　　　・ウ　いろいろな見方をする様子。

(4) 最終的　　　　・　　　・エ　まじりけがなく、ひたむき。

(5) 精いっぱい　　・　　　・オ　一生懸命にする様子。

(6) 純粋　　　　　・　　　・カ　じれったい様子。

(7) もどかしい　　・　　　・キ　最後になる様子。

**3** □に当てはまる同じ読みがなの漢字を、□□□から選んで書きましょう。
一つ6〔36点〕

(1) ① 犬の血□。 ② □論を行う。

(2) ① 情報の□散。 ② □式高い。

(3) ① □位磁針を使う。 ② 道□機関で働く。

討　　格　　方　　拡　　報　　統

答えは72ページ

かくにん 31

どう立ち向かって、もしもの世界
表現をくふうする
君たちに伝えたいこと／一番に

**1** □に当てはまる漢字を書きましょう。 1つ9[18点]

(1) けんとう を重ねる。

(2) かくだい して見る。

**2** 形に注意して、□に当てはまる漢字を書きましょう。 1つ8[64点]

(1) ① さかんな とう 論。　② すん 法を測る。

(2) ① りょう 大な公園。　② かく 張工事

(3) ① はく 士課程に進む。　② せん 門の分野。

(4) ① 印 しょう 的なセリフ。　② 映 ぞう を見る。

**3** 次の文に使われている表現のくふうをア〜ウから選んで、記号で答えましょう。 1つ6[18点]

(1) 少女のほおは、熟したりんごのように赤い。 （　）

(2) 私はなくした。大事な宝物を。 （　）

(3) 清らかな水の流れ。冷たい水の流れ。 （　）

ア 比喩

イ くり返し

ウ 順番の入れかえ

## 1　3・4ページ

1 (1)かんたん (2)みちすじ (3)まど (4)にちまい (5)せんげん (6)ようちゅう (7)くんか (8)どうそうかい (9)おさな

2 (1)ウ (2)ア (3)エ (4)イ

3 (1)ア (2)ア (3)イ

★ ★ ★

1 (1)簡単 (2)道筋 (3)窓 (4)一枚 (5)宣言 (6)幼虫 (7)変革

2 (1)簡 (2)筋
部首名…たけかんむり

3 (1)イ (2)ウ

## 2　5・6ページ

1 (1)うら (2)なら (3)しかい (4)こた (5)けいえん (6)てき (7)こう (8)ずつう (9)つくま

2 (1)イ (2)イ

3 (1)①ぶ ②お
(2)①なみ ②なら

★ ★ ★

1 (1)裏 (2)並 (3)視界 (4)痛 (5)敬遠 (6)敵 (7)降

2 (1)移動 (2)想像 (3)意外

3 (1)ア (2)ウ

## 3　7・8ページ

1 (1)すがた (2)むね (3)す (4)よ (5)わす (6)と (7)ろうどく (8)こきゅう (9)くうてん

2 (1)カ (2)ウ (3)オ (4)エ (5)イ (6)ア

3 (1)ア (2)イ (3)ア (4)イ

★ ★ ★

1 (1)姿 (2)胸 (3)吸 (4)呼 (5)忘 (6)閉 (7)朗読

2 (1)裏・表 (2)乗・降

3 (1)ウ (2)イ (3)ア

**5** 11・12ページ

❸ (2)①展 ②①展 (3)エ興 (4)ウ転
❷ (1)①映像 (2)写 ③移 (4)地域 (5)展 (2)展示 (3)郷 (6)異土
★ ★ ★
❸ (1)オ (2)イ (3)ア (4)イ (5)イ ウ
❷ (1)イ (2)ウ (3)ア (4)エ (5)ウ
❶ (1)ち (2)さ (3)えん (4)てん (5)ぞう (6)こう

**4** 9・10ページ

❷ (1)仁術 (2)創作 (5)修 (6)測量 (3)紅茶 (2)候補 (3)縮尺 (4)採集 (3)郵便 (4)停留 (4)班 (8)就 任
❶ (1)運河・ (9)筒 (4)囲 (2)自画自賛 設 (5)枝 (10)旧庭 勢 (6)桜 (2)肥料 師 (3)余 (7)弁当

★ ★ ★
❶ (1)は (2)べ (3)い (5)は (4)へ (6)ゆ (7)ぺ (8)に (9)ら (10)ば (11)ち (12)ふ

**7** 15・16ページ

❸ (1)ウ (2)ウ (3)ア エ
❷ (1)名 (2)費 (3)推 定 (5)刻 (6)恩 (7)樹木 (8)存在 (3)子孫 (4)宗教 (4)解散 蔵 導
★ ★ ★
❸ (1)イ (2)イ (3)ウ エ
❷ (1)ウ (2)ア (3)ア (4)エ
❶ (1)こ (2)い (3)じ (4)す (5)ちゃ (6)へ (7)おぎ

**6** 13・14ページ

❸ (1)①浴 (2)②答 (5)化 (6)的 (7)無 (3)欲 (2)② (4)性 ①穀 (8)昼
❷ (1)非 (3)未宇 宙
❶ (1)電 (2)真善美 (3)臨時 (4)従事 (5)加盟 (6)警察 (7)奉養暮

★ ★ ★
❸ (1)エ (2)イ (3)ア ウ
❷ (1)ア (2)ウ (3)イ (4)ア (5)オ カ
❶ (1)か (2)へ (3)こ (4)け (5)こ (6)り (7)こ (8)け (9)り (10)り (11)へ (12)よ

**8** 17・18ページ

1 (1)く (2)きょうきゅう
(3)せいたいけい (4)あやま (5)きず
(6)きび (7)ろん (8)だんらく
2 (1)イ (2)ウ (3)エ (4)ア
3 (1)イ (2)ア (3)ウ

★★★
1 (1)暮 (2)供給 (3)生態系 (4)誤
(5)傷 (6)厳 (7)論 (8)段落
2 (1)供 (2)傷 部首名…にくづき
3 (1)ウ (2)イ

**9** 19・20ページ

1 (1)こ (2)ちょう (3)はい (4)のう
(5)しんぞう (6)した (7)ゆ (8)のち
(9)こがい (10)けうら
2 (1)税金 (2)補 (3)行政 (4)接近
(5)酸素 (6)毛布 (7)迷 (8)燃
(9)暴風雨 (10)導

★★★
1 (1)胃 (2)腸 (3)肺 (4)脳 (5)心臓
(6)舌 (7)行 (8)後
2 (1)救助 (2)現在 (3)非常 (4)過去
(5)誕生 (6)火災

**10** 21・22ページ

1 (1)わたし（わたくし）(2)キギ
(3)だっせん (4)たまわ (5)わ
(6)わりあい
2 (順序なし)ア・ウ・エ・キ

**3** (1)○ (2)○ (3)× (4)○ (5)×

★★★
1 (1)私 (2)危機 (3)対策 (4)卵
(5)割 (6)割合
2 (1)公立・私立 (2)安全・危険
(3)禁止・許可（解禁）
(4)天然・人工（人造）
(5)反対・賛成
3 (1)イ (2)ア (3)イ (4)エ

**11** 23・24ページ

1 (1)あら (2)つくえ
(3)たんじょうび (4)さとう
(5)あたた (6)すな
2 (1)日本 (2)万葉がな
(3)ひらがな (4)かたかな
3 (1)ア (2)イ

★★★
1 (1)洗 (2)机 (3)誕生日 (4)砂糖
(5)暖
2 (1)イ・糖 (2)ア・暖 (3)ア・厳
3 (1)ウ (2)イ

**12** 25・26ページ

1 (1)わか (2)ま (3)わけ
(4)じゅかん (5)つやく (6)おさな
2 (1)イ (2)ア (3)オ (4)エ (5)ウ
3 考 部首名…くさかんむり

★★★
1 (1)若 (2)巻 (3)訳

**14** 29・30ページ

**1**
(1)せしょう
(2)ざっし
(3)かし
(4)せいじつ
(5)しょち
(6)ほろ

**2**
(1)祖先・せんぞ
(2)建築
(3)講堂・大仏
(4)新緑
(5)伝統
(6)保護
(7)歴史
(8)横断歩道
(9)居
(10)広告

★ ★ ★

**3**
(1)ウ
(2)ア
(3)イ
(4)あ・き

**2**
(2)興味

**3**
(1)感謝
(2)誠
(3)ウ

---

**13** 27・28ページ

**1**
(1)背(1)背
(2)片(2)片
(3)背景

**2**
(1)老(2)前
(2)老

**3**
(1)両(2)暮
(4)暮(2)明
明若

★ ★ ★

**1**
(1)は
(2)かた
(3)せ

**2**
(1)せ
(2)た
(3)か
(4)くれ
(5)け

**3**
(1)エ
(2)オ
(3)イ

**2**
(1)カ
(2)エ
(3)ウ
(4)キ
(5)ア
(6)イ
(7)オ

**3**
(1)増(2)約
(2)臓(2)訳
(3)俵菜

**2**
(1)ア
(2)ウ
(3)逆

---

**16** 33・34ページ

**1**
(1)俳句
(2)採
(3)非
(4)沿

**2**
(1)俳
(2)採
(3)悲
(4)届
深

★ ★ ★

**3**
(1)エ
(2)ウ
(3)ウ

**2**
(1)ウ
(2)ア
(3)イ
(4)イ

**1**
(1)は
(2)へ
(3)げ
(4)が
(5)だ
(6)そ
(7)と
(8)え
(9)こ

**3**
(1)ウ
(2)ア
(3)エ
(4)イ

**2**
(2)採
深

**3**
(1)ア
(2)エ
(3)ウ
(4)イ
(5)エ

**2**
採
深

---

**15** 31・32ページ

**1**
(1)負担
(2)故障
(5)疑

**2**
(1)ア
(2)イ
(3)ウ

★ ★ ★

**1**
(1)ア
(2)価値
(3)激
(4)疑

**2**
(1)ア
(2)イ
(3)ウ

**3**
(1)イ
(2)ア
(3)ウ

**1**
(1)かん
(2)しゃ
(3)はけ
(4)たが
(5)せ
(6)ほけ
(7)げん
(8)しょう

**3**
(1)○
(2)○
(3)×
(4)○
(5)×
(6)×

1 (1)かぶ (2)かんぱん (3)せいざ (4)も (5)はっけん (6)せんもん (7)ぎょぎょう (8)どくほん(どくほん)

2 (1)辺境 (2)価格・比 (3)航海 (4)夫妻 (5)旅費・貯金 (6)似顔絵 (7)日程 (8)快適 (9)往復 (10)順序 (11)夢・単独 (12)営業

★★★

1 (1)株 (2)看板 (3)星座 (4)盛 (5)発券 (6)専門

2 (1)移動 (2)容器 (3)紀行文 (4)寄港(寄航)

3 (1)イ (2)ウ

1 (1)もけい (2)たんじゅん (3)てんきん (4)しお (5)てっこつ (6)ぼう (7)きば (8)つと (9)はね

2 (1)ウ (2)ア (3)エ (4)イ (5)カ (6)キ (7)オ

3 (1)八 (2)七 (3)三 (4)十

★★★

1 (1)模型 (2)単純 (3)転勤 (4)潮 (5)鉄骨 (6)棒

2 (1)ア (2)エ (3)カ (4)ア (5)イ (6)キ (7)オ (8)ウ

3 (1)努 (2)勤 (3)務

1 (1)あな (2)ちそう (3)こうふん (4)の (5)せんとう (6)ふる (7)えんき

2 (1)イ (2)エ (3)オ (4)ウ (5)ア (6)カ

3 (1)ア (2)イ (3)ア

★★★

1 (1)穴 (2)地層 (3)興奮 (4)延 (5)銭湯

2 (1)銭 (2)層 (3)棒 (4)勤

3 (1)(ア)ーア (2)(ド)ーム (3)(ネ)ーミング (4)(リ)ーダー

1 (1)こいこう (2)ひはん (3)そうさ (4)め (5)お (6)お (7)や (8)と

2 (1)豊作 (2)鉱物 (3)貿易 (4)山脈 (5)利益・増減 (6)織物 (7)輸出・輸入 (8)農耕 (9)粉・金額 (10)国際

★★★

1 (1)鉄鋼 (2)批判 (3)操作 (4)三

2 (1)製品 (2)綿花

3 (1)イ (2)エ (3)エ (4)エ (5)ウ (6)ウ

**21** 43・44ページ

① (1)しま (2)かくしゅう (3)す (4)ほうそう (5)しけん (6)ほうりつ (7)したが (8)す

② (1)イ (2)ウ (3)ア (4)エ

③ (1)エ (2)ウ (3)ア (4)イ (5)カ (6)オ

★★★

① (1)困 (2)回収 (3)捨 (4)包装 (5)資源 (6)法律 (7)従 (8)済

② (1)収める (2)確かめる

③ イ

**22** 45・46ページ

① (1)ちょさくけん (2)こべつ (3)あやま (4)こと (5)そんざい (6)わりあい

② (1)エ (2)イ (3)ア (4)ウ

③ (1)ア (2)エ (3)イ (4)ウ

★★★

① (1)著作権 (2)一冊 (3)誤 (4)異 (5)存在 (6)割合

② (1)著 (2)複 (3)信

③ ア・ウ

**23** 47・48ページ

① (1)ふくう (2)じゅうだん (3)おさ (4)ひみつ (5)はせい (6)げんせん

② (1)総力戦 (2)責任者 (3)証明
(4)検査 (5)構造 (6)喜 (7)効率 (8)義務 (9)確 (10)技術 (11)着眼 (12)仮説 (13)貧 (14)付属

★★★

① (1)腹部 (2)縦断 (3)納 (4)秘密 (5)派生 (6)源泉

② (順序なし)
(1)古→故 員→因 改→解
(2)脳→能 公→効 形→型

③ (例)発表会は十五時に開始します。

**24** 49・50ページ

① (1)ほうもん (2)きぬいと (3)のぞ (4)たくはいびん (5)じょうき (6)せいか

② (1)見送る (2)青白い (3)急ぎ足 (4)長びく (5)なわとび (6)早ね (7)雨がさ (8)ピアノ教室

③ (1)ウ (2)エ (3)カ (4)ア (5)オ (6)イ

★★★

① (1)訪問 (2)絹糸 (3)除 (4)宅配便 (5)蒸気 (6)聖火

② (1)除 (2)宅 (3)蒸 (4)聖

③ (1)食べる・物 (2)粉・ミルク (3)うで・時計 (4)消す・ゴム (5)細い・長い (6)力・強い

1 (1)はり (2)ほうせき
(3)はいいろ (4)ゆう
(5)しんちょうじゅ
(6)たからもの（ほうもつ）
2 (1)ウ (2)エ (3)イ (4)オ (5)ア
3 (1)ア (2)イ
★ ★ ★
1 (1)針 (2)宝石 (3)灰色 (4)優
2 (1)①針 ②鉄 ③銭 ④鏡
(2)①優 ②付 ③仕 ④仮
3 (1)ア (2)イ (3)ウ

1 (1)みだ (2)そ (3)あず
(4)しりぞ (5)こすん (6)こ
(7)じしゃく (8)えんき
2 (1)再生 (2)提出 (3)刊行年
(4)編者 (5)知識 (6)領 (7)禁止
(8)分厚 (9)資 (10)出版社 (11)情報
(12)資料
★ ★ ★
1 (1)乱 (2)染 (3)預 (4)退
2 (1)破損 (2)誤 (3)誤判
3 (1)イ (2)ア (3)ア

1 (1)てんのう (2)いただ
(3)くが (4)せいとう (5)ながく
(6)しむちちょう (7)さっぱくしま

(8)けんぽう (9)じこ
(10)よくあさ（よくちょう）
(11)さんちょう (12)こた
2 (1)規則 (2)武士 (3)順路表示
(4)銅像 (5)入場制限 (6)略図
(7)職業 (8)財産 (9)犯罪防止
(10)殺風景
★ ★ ★
1 (1)政党 (2)内閣 (3)省庁
(4)裁判所 (5)憲法 (6)自己 (7)翌朝
(8)山頂
2 (1)消毒液を使って、清潔に保つ。
(2)芸術についての講演会が混雑する。
3 (順序なし)ア・エ

1 (1)えんげき (2)えんそう
(3)はっき (4)かんしゅう (5)じょ
(6)えんじょ
2 (1)ウ (2)ア (3)イ (4)エ (5)オ
3 (1)イ (2)ア (3)ウ (4)オ (5)エ
(6)カ
★ ★ ★
1 (1)演劇 (2)演奏 (3)発揮 (4)観衆
(5)序
2 (1)劇 (2)衆 (3)奏
3 (1)(く)→カー (2)(え)→トーリー
(3)(ア)→イ→ア((ア)→イ→ア)
(4)(タ)→ス
(5)(イ)→ラ→オ→メ→ション

**30** 61・62ページ

**1**
(1) 諸説
(2) 孝行
(3) 干
(4) 晩
★ ★ ★
(5) 経験
(6) 基準・標
(7) 態度
(8) 貴重
(9) 成績・転
(10) 個性
(11) 永遠
(12) 逆
(13) 得意
(14) 張・述文夫・精
★ ★ ★

**2**
(1) 幕
(5) 垂
**2**
(1) 習慣
(2) 応
(3) 持久
(4) 検査
(5) 支
(6) 精
**1**
(1) かん
(2) おさ
(3) よ
(4) はん
(5) せ
(6) た

**29** 59・60ページ

**1**
(1) 将来
(2) 否定
(3) 認
(4) 尊重
★ ★ ★
(3) 努力
(4) 興味深い
(5) 降らなかった
**2**
(1) 難所
(2) 我々
(3) 貴重
**1**
(1) 思い（思え）
(2) 表す
**1**
(1) ひにん
(2) われ
(3) わす
(4) ひさ・したが
(5) お・こ

**2**
(1) ア
(2) ウ
(3) ウ
(4) イ
(5) オ
(6) エ
(7) エ
**3**
(1) 順序
(2) (1)われ
(3) (1)した
(4) (1)たん
(5) (1)そん

**31** 63・64ページ

**1**
(1) 検討
(2) 広大
★ ★ ★
(1) 検討
(2) 拡大
(3) 統
(4) 報
(5) 格
**2**
(1) エ
(2) ウ
(3) ア
(4) キ
(5) オ
**3**
(1) ア
(2) ウ
(3) イ
(4) (1)専守
(2)(1)広
**2**
(1) 博
(2) 象
(3) (1)拡大
(2)拡